Heike Stiegele

Mit Apps und Tools die Umgebung erkunden

Digitale Karten – Geocaching – Schnitzeljagd mit Tablet und Co.

Die Autorin

Heike Stiegele hat an der Pädagogischen Hochschule in Heidelberg Grundschullehramt studiert und zusätzlich ein Medienkompetenzzertifikat erhalten. Sie unterrichtet als Klassenlehrerin an einer inklusiven Grundschule in Baden-Württemberg.

1. Auflage 2023

AAP Lehrerwelt GmbH
Veritaskai 3
21079 Hamburg
Telefon: +49 (0) 40325083-040
E-Mail: info@lehrerwelt.de
Geschäftsführung: Christian Glaser
USt-ID: DE 173 77 61 42
Register: AG Hamburg HRB/126335

Wir verwenden in unseren Werken eine genderneutrale Sprache. Wenn keine neutrale Formulierung möglich ist, nennen wir die weibliche und die männliche Form. In Fällen, in denen wir aufgrund einer besseren Lesbarkeit nur ein Geschlecht nennen können, achten wir darauf, den unterschiedlichen Geschlechtsidentitäten gleichermaßen gerecht zu werden.

Autorschaft: Heike Stiegele
Covergestaltung: TSA&B Werbeagentur GmbH, Hamburg
Coverillustration: Julia Flasche
Illustrationen: Katharina Reichert-Scarborough, Carla Milla, Corina Beurenmeister, Stephan Lucas, Julia Flasche, Marion El-Khalafawi
Screenshots: Heike Stiegele
Satz: L101 Mediengestaltung, Fürstenwalde
Druck und Bindung: Esser printSolutions GmbH, Bretten

ISBN: 978-3-403-21113-6

www.persen.de

Vorwort

Liebe Kollegin, lieber Kollege,

digitale Tools und Apps ermöglichen es heute, bekannte Lehrplanthemen neu und auf digitalem Wege zu entdecken. Der Themenbereich Orientierung im Raum – angefangen bei der Erkundung der Schulumgebung bis hin zum Entdecken der Welt – kann heutzutage ganz einfach mit digitalen Elementen gestaltet werden.

Digitale Tools und Apps sind es auch, die den Kindern in ihrem Alltag begegnen. In den meisten Familien haben rund um das Thema Orientierung im Raum digitale Helfer längst die analogen Komponenten abgelöst: Karten und Straßenatlas sind kaum noch vorhanden, Handy & Co. werden selbstverständlich zur Navigation genutzt.

Aber digitale Tools können noch mehr: Sie ermöglichen es den Kindern auch, weit entfernte Orte auf der Welt zu entdecken und sich dort umzuschauen. Dank Satellitenbildern, Streetviews, 360-Grad-Perspektiven und 3-D-Ansichten kann man heutzutage berühmte Gebäude und Landschaften auf der ganzen Welt betrachten oder einfach die Häuser in der Straße nebenan anschauen.

Dieses Buch stellt Ihnen verschiedene Möglichkeiten vor, wie Sie gemeinsam mit Ihren Schülerinnen und Schülern Online-Straßenkarten nutzen oder mit 3-D-Karten den Globus erkunden. Die in diesem Buch enthaltenen Arbeitsblätter leiten die Kinder Schritt für Schritt an und sind direkt einsetzbar. Auch wenn die Kinder bisher noch keine oder nur wenig Vorerfahrungen mit dem Tablet, PC oder Handy haben, können sie schnell auf digitale Entdeckungsreise gehen. Die Arbeitsblätter unterstützen die Kinder mithilfe von Bildern und Erklärungen bei der Bedienung der Apps und Tools. **Zusätzlich benötigen Sie PCs/Tablets oder Handys mit Internetzugang.**

Digitale Apps und Tools ermöglichen es auch, Lehrplaninhalte besonders spielerisch umzusetzen – zum Beispiel beim Geocaching oder mit digitalen Schnitzeljagden. Die Kinder motiviert es, eine eigene Rallye oder einen Cache zu verfassen und diese auszuprobieren. Durch die Gruppenarbeiten und das gegenseitige Erproben wird zusätzlich der Klassenzusammenhalt gestärkt.

Die hier vorgestellten Apps und Tools müssen Sie teilweise auf den Endgeräten vorinstallieren, um sie direkt im Unterricht nutzen zu können.

Viel Erfolg und Spaß wünscht Ihnen

Heike Stiegele

Hinweise für die Lehrkraft

Online-Kartendienste bieten eine Vielzahl an Funktionen, zum Beispiel das genaue Bestimmen von Standorten oder das Planen von Routen. Aber auch Sehenswürdigkeiten können angeschaut werden – ebenso wie Streetviews, also die Straßen- und Häuseransichten in bestimmten Regionen. Es sind sowohl Kartenansichten wie auch Luft- bzw. Satellitenaufnahmen verfügbar.

Apps und Tools für die Straßenerkundung

Für die Straßenerkundung und Routenplanung gibt es zahlreiche Apps und Tools auf dem Markt. Sie bieten unterschiedliche Funktionen und Schwerpunkte. Im Folgenden sind einige Apps und Tools aufgelistet.

Die Beispiele in diesem Buch beziehen sich auf die gängigsten Apps und Tools. Sie können für Ihren Unterricht selbstverständlich auch andere wählen.

App/Tool	Info
Google Maps®	Das Tool bietet Karten und Navigation.
Open Street Map®	Open Street Map® ist ein internationales Projekt mit dem Ziel, eine freie Weltkarte zu erschaffen.
Waze®	Waze® ist eine reine Navigationsapp.
Maps.me®	Maps.me® bietet einen ähnlichen Funktionsumfang wie Google Maps®.
City Mapper®	Die App wurde für das Reisen in Städten entwickelt und hat in diesem Bereich ihre Stärken.
HERE WeGo®	HERE WeGo® funktioniert ähnlich wie Google Maps®.
Apple Maps ®	Es funktioniert ähnlich wie Google Maps®, speziell für Apple.

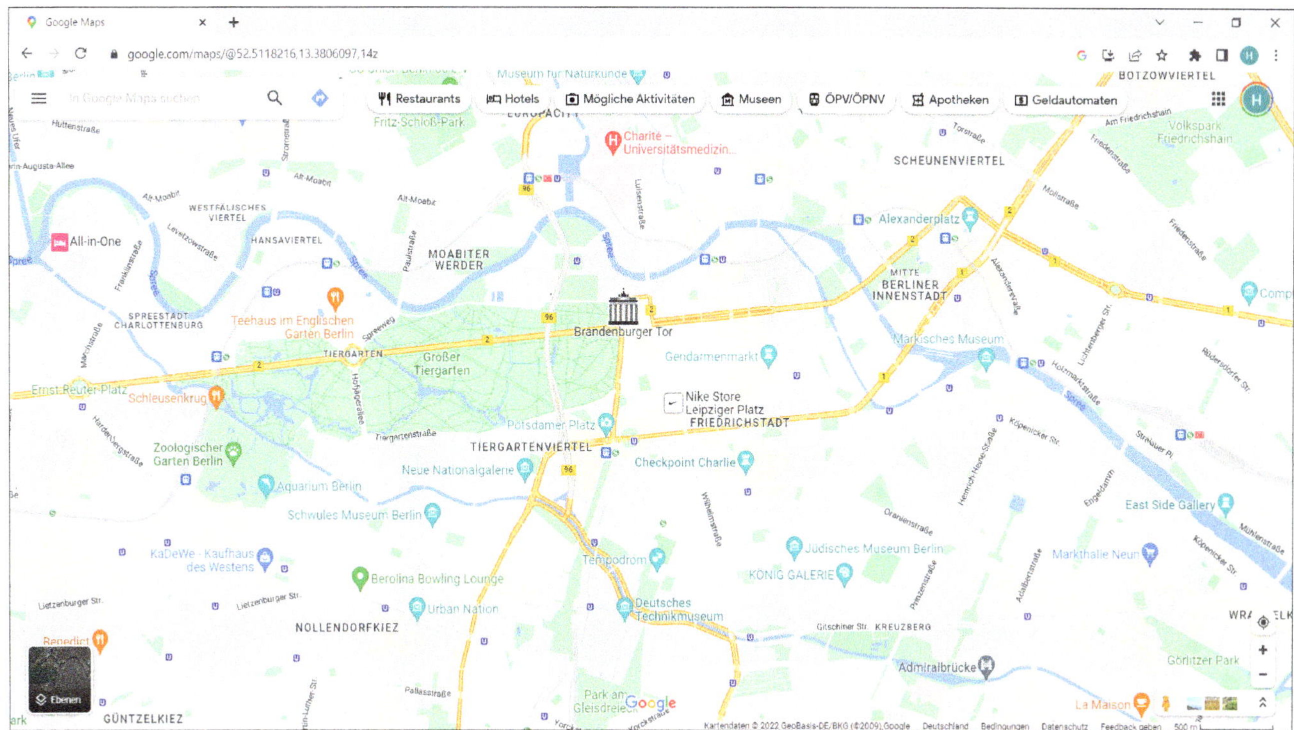

Die Schulumgebung erkunden (1)

Mit Online-Straßenkarten kannst du verschiedene Städte und Dörfer erkunden. Du kannst dir anschauen, ob es in der Umgebung einen Spielplatz oder ein Schwimmbad gibt, aber auch ganz andere Sachen entdecken. Eine Online-Straßenkarte ist zum Beispiel Google Maps®.

1. **Gib in die Suchmaschine des PCs oder des Tablets die Internetadresse von Google Maps® ein oder nutze den QR-Code.**

   https://www.google.de/maps

   Rechts oben befindet sich das Suchfeld. 

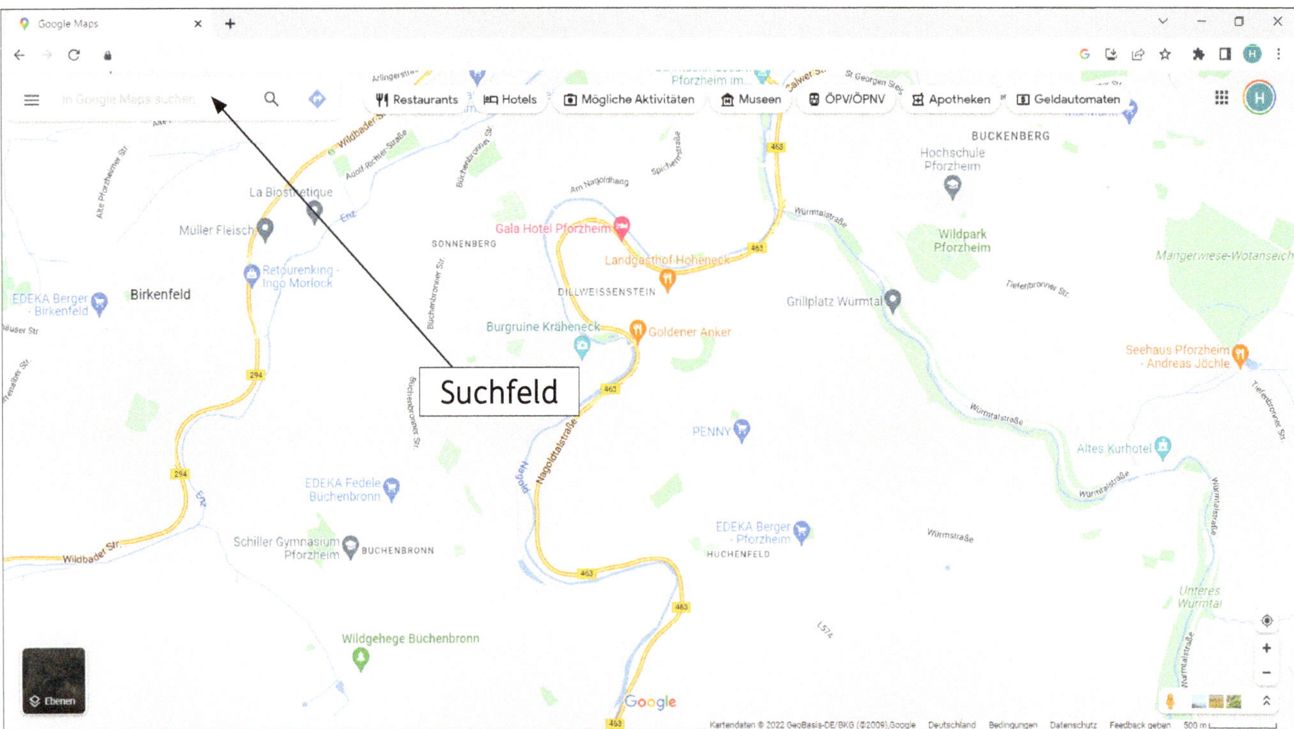

2. **Lies die Erklärung von Eric.** 👓

Die Karte, die du oben siehst, ist ein sogenannter „Screenshot". Der Begriff Screenshot kommt aus dem Englischen. „Screen" heißt Bildschirm und „shot" bedeutet Schnappschuss. Ein Screenshot ist also ein Bildschirmschnappschuss von allem, was du auf deinem Bildschirm siehst.

So einen Bildschirmschnappschuss kann man auf Smartphones, Tablets und PCs machen. Es funktioniert auf jedem Gerät etwas anders. Frage am besten deine Lehrkraft, wie du einen Screenshot auf deinem Gerät machen kannst.

Die Schulumgebung erkunden (2)

3. **Gib in das Suchfeld die Straße und den Ort deiner Schule ein. In der Umgebung deiner Schule werden auf der Karte auch vorhandene Supermärkte, Denkmäler, Firmen, Spielplätze und vieles mehr dargestellt. Die Orte sind mit Symbolen, also vereinfachten Zeichnungen, gekennzeichnet. Mache Screenshots von besonderen Orten in der Umgebung deiner Schule und stelle alles in einem Dokument zusammen.**

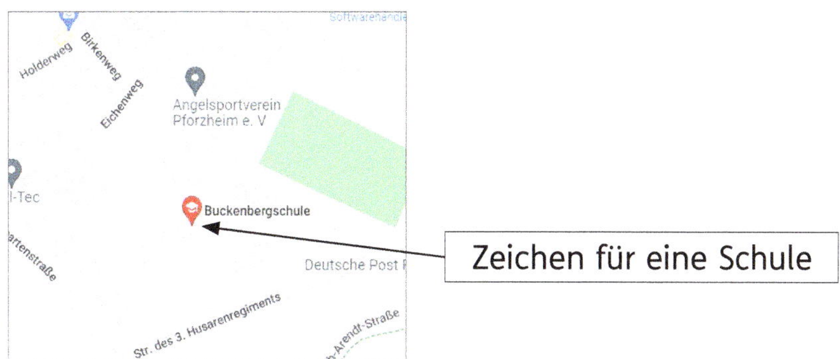

4. **Schaue dir die Symbole für verschiedene Orte genau an. Woran kannst du die Dinge erkennen? Schreibe es unter den Screenshot und speichere das Dokument unter den Namen „Legende Schulumgebung" ab.**

5. **Findest du in der Schulumgebung folgende Dinge? Kreuze an.**

- ☐ einen Supermarkt
  Name des Supermarktes: ____________________
  ____
- ☐ eine Firma
  Name der Firma: ____________________
  ____
- ☐ einen Fluss
- ☐ einen Spielplatz
- ☐ eine Kirche
- ☐ ein Restaurant
- ☐ eine große Wiese
- ☐ Sonstiges: ____________________

6. **Finde zehn verschiedene Symbole in deiner Schulumgebung oder in der nächsten Stadt. Zeichne sie auf die Rückseite des Arbeitsblattes und schreibe auf, was sie bedeuten.**

Eine Route planen

Um von einem Ort zu einem anderen zu kommen, kannst du eine Route planen. Früher hat man dafür einen Straßenatlas verwendet, heute kannst du das online machen. Du kannst sogar auswählen, ob du diese Strecke mit dem Fahrrad, mit dem Bus, zu Fuß oder mit dem Auto zurücklegen möchtest. Je nachdem, welche Option du wählst, wird dir dafür automatisch eine passende Strecke ausgesucht.

Um eine Route planen zu können, musst du in einer Online-Straßenkarte auf das Feld „Routenplaner“ klicken. Das Feld erkennst du an dem blauen Pfeil in einem blauen Kreis oder Viereck.

1. **Erstelle für deinen Schulweg eine Route mit einem Routenplaner aus dem Internet. Plane den Weg zu Fuß, mit dem Auto und mit dem Fahrrad. Schreibe die Zeit und die Strecke in Metern auf.**

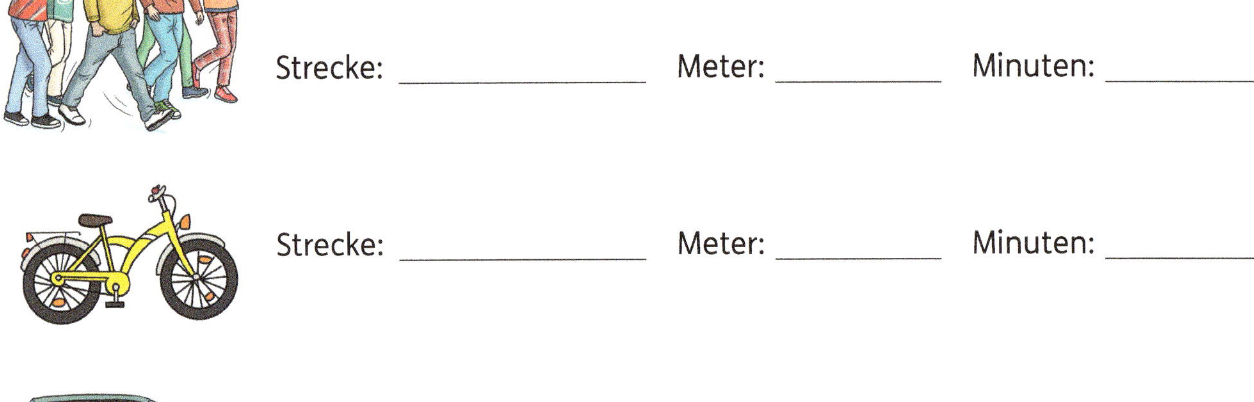

Strecke: ____________ Meter: ________ Minuten: ________

Strecke: ____________ Meter: ________ Minuten: ________

Strecke: ____________ Meter: ________ Minuten: ________

2. **Plane weitere Routen von deinem Zuhause …**
   - … zu einem Freund / einer Freundin.
   - … zu deinen Verwandten.
   - … zu einem Spielplatz.
   - …

3. **Screenshotte die Strecken und speichere sie in einem Dokument unter „Routen in meiner Umgebung“ ab.**

Pegman (Google Maps®) nutzen

1. **Lies die Sprechblase und probiere aus.**

In Google Maps® gibt es eine kleine orangene Figur. Ihr Name ist Pegman. Mit Pegman kannst du verschiedene Orte und Straßen anschauen. Dafür müsst du nur auf Pegman klicken. Nun werden dir blaue Linien, Striche und Punkte angezeigt. Schiebe (gehaltene linke Maustaste) nun Pegman mithilfe deiner Maus auf einen blauen Punkt, Strich oder auf eine blaue Linie. Nun kannst du die Orte oder Straßen anschauen. Aber Achtung: Bei manchen Orten funktioniert Pegman leider nicht.

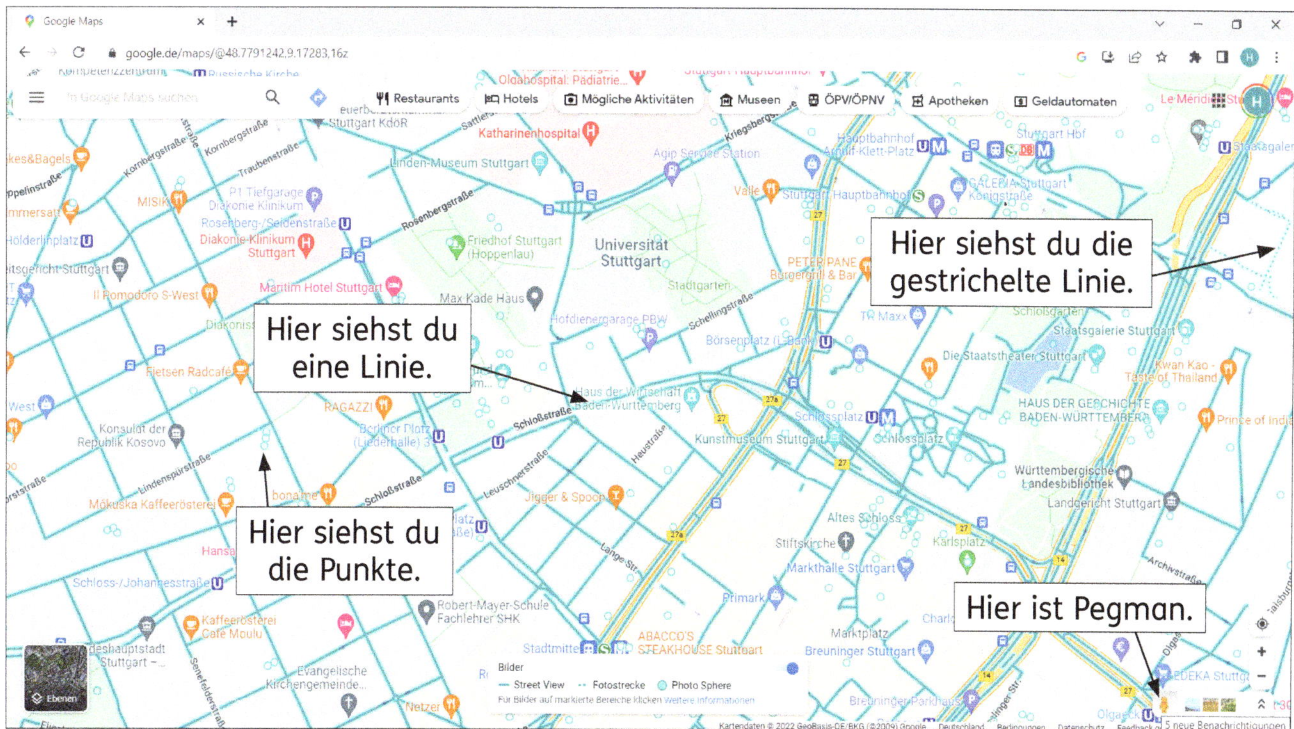

2. **Was hast du in deinem Ort Besonderes entdeckt? Schreibe auf.**

____

____

____

____

____

____

Pegman (Google Maps®) unterwegs in der Welt

Pegman funktioniert auch außerhalb deiner Schulumgebung und außerhalb von Deutschland. Manchmal sieht Pegman auch ganz anders aus.

1. **Arbeite mit Google Maps® und aktiviere Pegman. Schreibe oder zeichne, wie Pegman an folgenden Orten aussieht. Gib dafür die Namen der Orte in das Suchfeld ein.**

   Area 51, USA

   Honolulu, Hawaii (USA)

   Loch Ness (See), Schottland (Vereinigtes Königreich)

2. **Schaue dir die oben genannten Orte mit der Funktion Streetview an. Wie sieht es dort aus? Was kannst du entdecken? Schreibe auf.**

Berlin erkunden

1. **Arbeite mit einer Online-Straßenkarte, zum Beispiel Google Maps®. Gib in das Suchfeld Berlin, die Hauptstadt von Deutschland, ein. Zoome mit dem Pluszeichen rechts unten bis auf 500 Meter.**

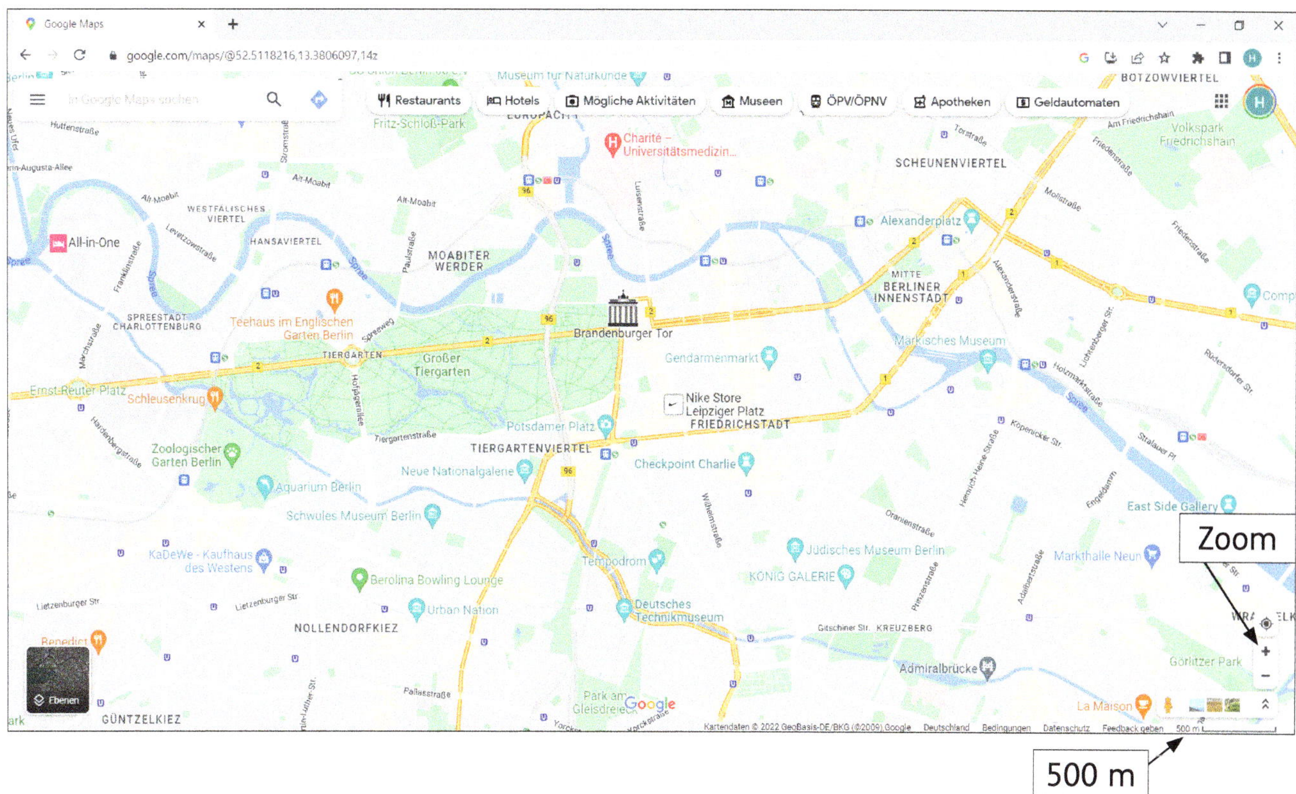

2. **Suche folgende Orte in Berlin. Klicke mit der Maus darauf, dann kannst du die Aufgaben erledigen.**
   - Zeichne das Symbol von „Checkpoint Charlie“ in den Kasten.
   - Wann schließt das „Deutsche Technikmuseum“?

   - Was ist das „Brandenburger Tor“?

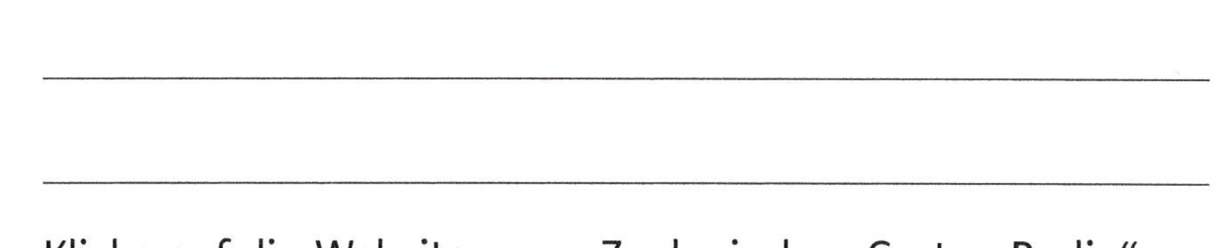

   - Klicke auf die Website vom „Zoologischen Garten Berlin“ und recherchiere, wie viel ein Ticket für ein Kind kostet.

____

3. **Erstelle selbst ein Rätsel und lasse es ein anderes Kind lösen. Nutze die Rückseite des Blattes.**

Routen in ganz Deutschland

Mit Routenplanern kannst du nicht nur eine Route von deinem Heimatort aus erstellen, sondern auch innerhalb von ganz Deutschland sowie in anderen Ländern.

1. **Schaue dir die Karte von Deutschland an.**
2. **Wähle eine Stadt und gib sie in das Suchfeld deines Routenplaners ein.**
3. **Erstelle Routen von deiner gewählten Stadt zu anderen Städten.**
4. **Wähle eine deiner Routen aus und beantworte die Fragen mithilfe deines Routenplaners.**

Welche Strecke hast du gewählt? ______________________

Wie lange brauchst du mit dem Auto für die Route? ______________________

Wie kannst du erkennen, ob es einen Stau gibt? Vermute. ______________________

____

____

Wie lange bräuchtest du mit dem Fahrrad für deine Strecke? ______________________

Gebiete der Welt erkunden (1)

1. **Arbeite mit einer Online-Straßenkarte, zum Beispiel Google Maps®. Gib in das Suchfeld Paris, die Hauptstadt von Frankreich, ein. Zoome mit dem Pluszeichen rechts unten bis auf 500 Meter.**

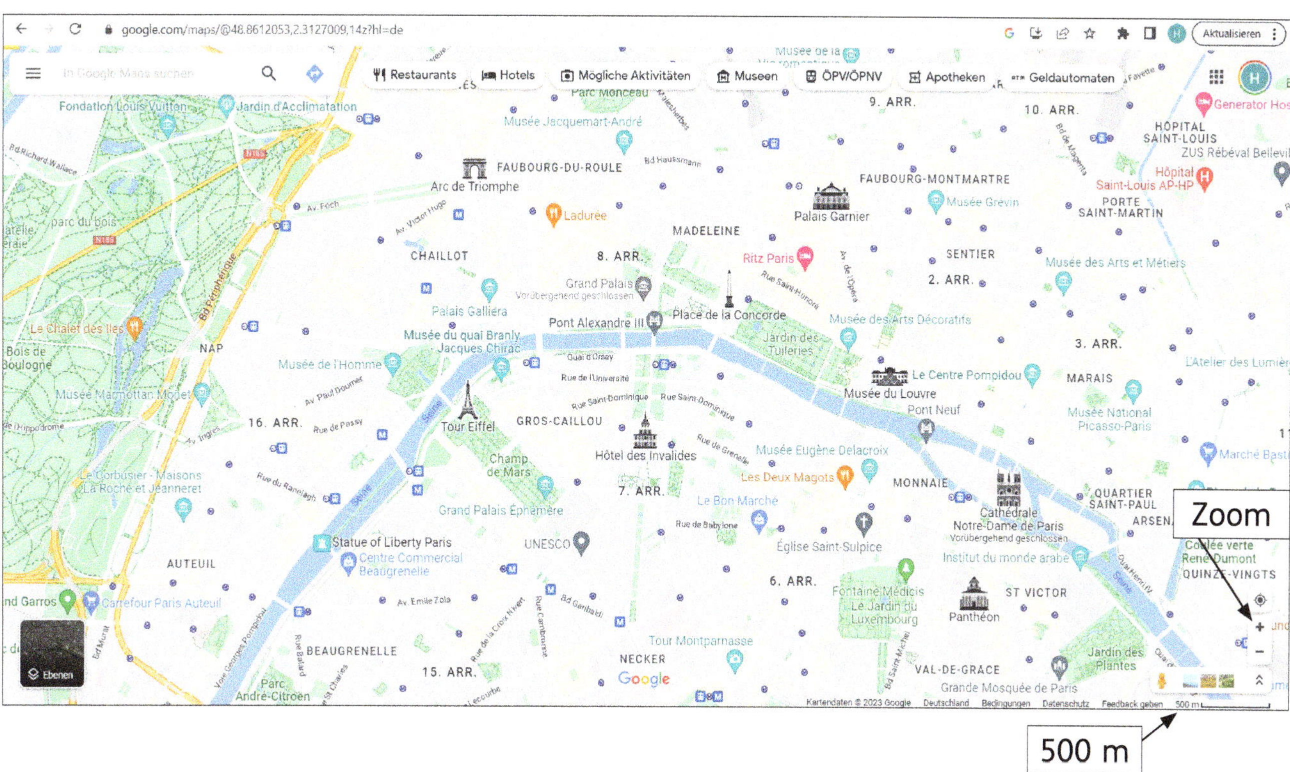

2. **Suche folgende Orte in Paris. Klicke mit der Maus darauf, dann kannst du die Aufgaben erledigen.**

- Zeichne das Symbol von „Pont Alexandre III" in den Kasten.
- Wie ist die Telefonnummer von „Palais Garnier"?

  ____

- Was ist „Tour Eiffel"?

  ____

  ____

- Klicke auf „Cathédrale Notre-Dame de Paris" und recherchiere, was im Jahr 2019 passiert ist.

  ____

  ____

  ____

Gebiete der Welt erkunden (2)

3. **Arbeite mit einer Online-Straßenkarte, zum Beispiel Google Maps®. Gib in das Suchfeld Wien, die Hauptstadt von Österreich, ein. Zoome mit dem Pluszeichen rechts unten bis auf 500 Meter.**

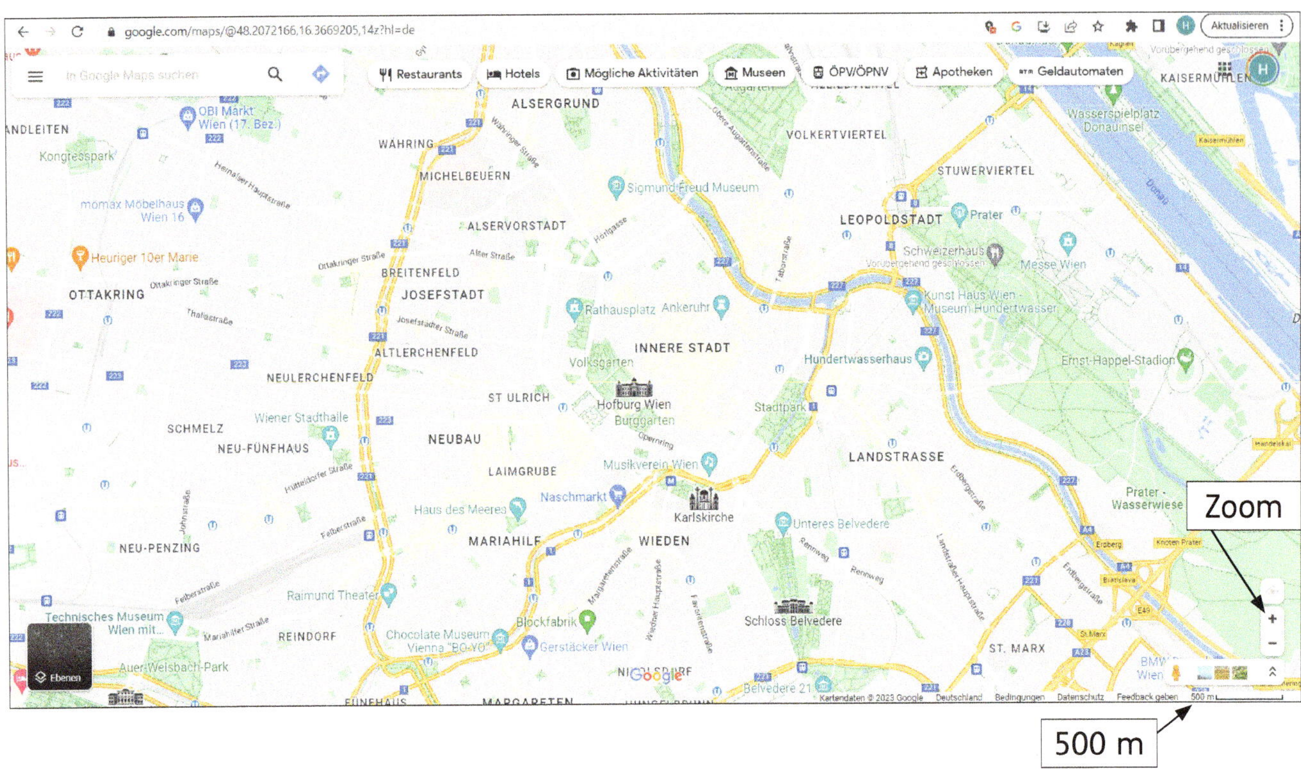

4. **Suche folgende Orte in Wien. Klicke mit der Maus darauf, dann kannst du die Aufgaben erledigen.**

- Zeichne das Symbol von „Haus des Meeres“ in den Kasten.
- Wie sind die Öffnungszeiten von „Schloss Belvedere“?

____

- Was ist „Prater“?

____

____

- Klicke auf das „Hundertwasserhaus“ und recherchiere, was es ist.

____

____

____

Einen eigenen Stadtplan erstellen

Wenn du deinen eigenen Stadtplan erstellst, kannst du dort alles eintragen, was dir wichtig ist: zum Beispiel die schönsten Spielplätze, ein tolles Eiscafé oder den Weg zu deiner Schule.

1. **Mache einen Screenshot einer Karte.**
   Die Karte sollte einen Ort zeigen, an dem du dich gut auskennst.
   Tipp: Der Ausschnitt, den das Bild zeigt, sollte nicht zu groß sein.

2. **Speichere den Screenshot in einem Dokument und gibt dem Dokument einen passenden Namen.** 
   Du kannst das Dokument entweder ausdrucken oder in dem Dokument weiterarbeiten.
   Tipp: Wenn du das Dokument ausdruckst, geht das Erstellen der eigenen Karte einfacher.

3. **Mache dir Notizen, was du alles in deine Karte eintragen möchtest.**
   - Welche Orte sind dir wichtig?
   - Welche Symbole sollen diese Orte bekommen?
   - Möchtest du Texte in deine Karte schreiben?
   - Möchtest du Bilder in deine Karte einfügen?

   ____

   ____

   ____

   ____

4. **Trage nun alles in deine Karte ein.**
   Male und schreibe entweder auf dem Papier oder arbeite in dem Dokument am Computer.

5. **Arbeite mit einem Partnerkind. Stellt euch gegenseitig eure Karten vor.**

Einige Tools wie Google Maps® bieten an, dass man online eigene Karten erstellen kann. Dafür muss man sich aber dort registrieren.

Hinweise für die Lehrkraft

Mit 3-D-Karten können die Kinder virtuell die Erde bereisen und in 2-D oder 3-D detailreiche Satellitenbilder betrachten. Je nachdem, wie gut die einzelnen Regionen der Erde erfasst sind, variiert die Qualität der Bilder bzw. ist 3-D verfügbar.

Apps und Tools: 3-D-Karten

Es gibt verschiedenste Angebote von 3-D-Karten und Satellitenbildern auf dem Markt, die unterschiedliche (zusätzliche) Funktionen anbieten – zum Beispiel historische Karten, geführte Touren, Streetview und mehr.

Die Beispiele in diesem Buch beziehen sich auf die gängigsten Apps und Tools. Sie können für Ihren Unterricht selbstverständlich auch andere wählen.

App/Tool	Info
Earth 3D Map®	Earth D3 Map® bietet Satellitenbilder.
Google Earth®	Satellitenbilder, 3-D-Ansichten und mehr
Bing Maps 3D®	Der Schwerpunkt liegt vor allem auf amerikanischen Städten.
Vizerra®	Mit Vizerra® können Orte und Sehenswürdigkeiten virtuell in 3-D angeschaut werden.
Marble®	Marble® bietet u.a. Satellitenaufnahmen, Nachtansichten und historische Karten.

Mit Earth 3D Map® die Welt entdecken (1)

Mit 3-D-Karten kannst du alles auf unserer Erde betrachten, egal ob Flüsse, Berge, besondere Sehenswürdigkeiten oder Städte und Dörfer. „3-D“ bedeutet übrigens „dreidimensional“. Das Besondere an diesen Karten ist, dass du alles dreidimensional, also „wie in echt“ sehen kannst. Probiere es am besten gleich aus!

1. **Gib in deine Internetsuchmaschine folgende Adresse ein oder nutze den QR-Code.**

   https://earth3dmap.com/

2. **Öffne die Seite und erstelle zunächst einen Screenshot von der ganzen Welt. Speichere den Screenshot in einem Dokument/Schreibprogramm.**

3. **Bearbeite die Aufgaben. Das Kästchen kannst du zum Abhaken benutzen, wenn du eine Aufgabe erledigt hast. Erstelle von jeder gelösten Aufgabe einen Screenshot und speichere diesen in deinem Dokument.**

   - Scrolle (Drücke „Strg“ und bewege das Rad der Computermaus) in die Erde hinein. Du kannst auch die Plus- und Minuszeichen auf der Seite zum Vergrößern und Verkleinern nutzen. Schaue dich ein wenig in der Welt um. Was hast du entdeckt? Schreibe in das Dokument und mache Screenshots.
   - Suche die verschiedenen Kontinente und mache Screenshots.
     Nordamerika
     Südamerika
     Asien
     Australien und Ozeanien
     Europa
     Antarktis

© thongchainak – stock.adobe.com

Mit Earth 3-D Map® die Welt entdecken (2)

- ☐ Schreibe jeweils fünf Länder eines Kontinentes (außer Antarktis) auf. Schreibe so:
  1. Die Kontinente der Erde
     a. Nordamerika: ...
     b. ...
- ☐ Auf der rechten Seite findest du verschiedene Oberbegriffe. Klicke auf den Oberbegriff „Sehenswürdigkeiten" bzw. „Landmarks". Suche dir fünf Sehenswürdigkeiten aus, die du betrachten möchtest. Fertige wieder Screenshots an und füge sie in dein Dokument ein. Beschrifte die Screenshots.

Info
Wenn du auf einen Unterpunkt geklickt hast, zoomst du automatisch hinein.

- ☐ Finde heraus, in welchem Land sich die Sehenswürdigkeit befindet.
  2. Die Sehenswürdigkeiten der Erde
     a. Eiffelturm → Frankreich
     b. ...
- ☐ Speichere zum Schluss dein Dokument ab und gib ihm einen passenden Namen.

Mit Google Earth® die Welt entdecken (1)

Mithilfe von Google Earth® kannst du unsere Erde in 3-D erkunden.

Gib dafür folgenden Link in die Internetsuchmaschine ein oder nutze den QR-Code.

https://earth.google.com

Drücke anschließend „Earth starten“.

© Romolo Tavani – Fotolia.com

Löse folgende Aufgaben. Mache jeweils Screenshots und speichere sie in einem Dokument ab. Beschrifte jeden Screenshot.

1. **Suche mithilfe von Google Earth® (nutze das Lupen-Symbol rechts auf der Seite):**
   - deine Schule
   - dein Zuhause
   - ein Urlaubsziel, das du besucht hast

2. **Suche den höchsten Berg Deutschlands: die Zugspitze. Schreibe die Höhe auf.**

   ____

3. **Schaue dir folgende Sehenswürdigkeiten an:**

   ☐ Sydney Opernhaus in Autralien

   ☐ Petersdom, Vatikan

   ☐ Akropolis in Griechenland

   ☐ Insel Mainau am Bodensee

   ☐ einen Freizeitpark

Mit Google Earth® die Welt entdecken (2)

Mithilfe von Koordinaten kannst du auch bestimmte Dinge suchen. Schaue dir das Beispielbild an.

4. **Welcher Ort verbirgt sich hinter folgenden Koordinaten? Gib die Koordinaten in das Suchfeld ein.**

43° 43‘ 23“ N 10° 23‘ 48“ E ____________________

47.557483°, 10.749402° ____________________

50°46‘ 29“ N 6° 05‘ 02“ E ____________________

Das **Grad-Zeichen (°)** erhältst du, wenn du gleichzeitig die Hochstelltaste und die Taste mit dem °-Zeichen (links neben der Zahl 1) drückst.

Die Zeichen für **Minuten (')** und **Sekunden (")** erhältst du durch gleichzeitiges Drücken der Hochstelltaste und der Taste links neben der Eingabe-Taste mit dem '-Zeichen.

© pico – Fotolia.com

Spielerisch mit 3-D-Karten arbeiten

1. **Suche zwei besondere Orte auf der Welt und schreibe die Koordinaten neben die Lupen. Ein Partnerkind soll dann mithilfe einer Online-3-D-Karte herausfinden, um welchen Ort es sich handelt.**

2. **Löse folgende Aufgaben mit Google Earth® und notiere deine Ergebnisse:**
   - ☐ Stelle eine indirekte Suchanfrage. Zum Beispiel: „Wie heißt die Hauptstadt von Spanien?“
   - ☐ Lasse dich mit dem Würfelsymbol auf der linken Seite an zufällige Orte auf der ganzen Welt bringen. Welche Orte hast du gesehen?
   - ☐ Du kannst geführte Touren anschauen. Klicke dafür auf das Steuerrad-Symbol auf der linken Seite. Nun kannst du dir Videos anschauen, indem du auf die Überschrift klickst. Welche Tour hast du dir angeschaut? Beschreibe, was du gesehen hast. Was hat dir gut gefallen?

Verhaltensregeln bei digitalen Schnitzeljagden

Damit eine digitale Schnitzeljagd allen Beteiligten Spaß macht, gibt es wichtige Regeln, die ihr beachten solltet:

- Haltet euch an die Anweisungen aller Aufsichtspersonen und Lehrkräfte.
- Macht Treffpunkte und Zeiten aus, seid pünktlich.
- Verhaltet euch höflich und respektvoll gegenüber anderen Erwachsenen, Kindern und Tieren.

Außerdem gilt:

- Wir laufen geordnet und bleiben immer in unserer Gruppe.
- Wir beschädigen keine Dinge.
- Wir legen die Caches wieder an den Platz, wo wir sie gefunden haben.
- Wir weichen nicht vom vorgegebenen Weg ab.
- Wir klettern nicht auf Bäume oder Felsen oder begeben uns in andere gefährliche Situationen.
- Wir achten auf die Tablets und Smartphones.
- Wir streiten uns nicht um die Tablets und Smartphones.
- Wir halten uns an die Verkehrsregeln.
- Plätze, die wir nutzen, verlassen wir ordentlich und sauber.

Hinweise für die Lehrkraft

Geocaching ist eine Art Schatzsuche mit GPS-Gerät bzw. Tablet oder Smartphone. Geocaching kann sowohl in der Stadt wie auf dem Land durchgeführt werden.

Die Kinder haben beim Geocaching die Aufgabe, einen „Schatz" aufzuspüren, der durch GPS-Koordinaten gekennzeichnet ist. Hinweise helfen außerdem beim Finden des Schatzes, der „Cache" genannt wird.

Der Cache wurde von Mitgliedern der Geocaching-Community, den sogenannten Geocachern, an seinem Ort platziert. Wenn man den Cache gefunden hat, trägt man sich in ein Logbuch ein, das Teil des Caches ist. Dann wird der Cache exakt an die gleiche Stelle zurückgelegt – für die nächsten Geocacher. Vergleichbar ist dies mit dem Eintrag in ein Gipfelbuch auf einem Berg.

Geocaching-Apps

Für das Geocaching gibt es zahlreiche Apps auf dem Markt. Die gängigsten drei Apps bieten schon in der kostenlosen Version einen breiten Funktionsumfang:

App	IOS®	Android®
C:geo	✗	✓
Geocaching®	✓	✓
GCTools®	✓	✗
NeonGeo (30 Tage kostenlos)	✗	✓
CacheSense (30 Tage kostenlos)	✗	✓

Zudem gibt es weitere kostenpflichtige Apps.

Geocaching – Was ist das?

Geocaching ist eine moderne Schatzsuche oder Schnitzeljagd mit **GPS-Geräten**. Ziel beim Geocaching ist es, ein Versteck in einem unbekannten Gelände aufzuspüren. In dem Versteck liegt dann ein **„Cache“**. Das ist meist ein kleiner Behälter mit einem **Logbuch**. Oft liegen auch kleine Geschenke mit dabei. Wenn man möchte, kann man sich in das Buch eintragen und ein **Geschenk** als Andenken mitnehmen.
Dann ist es jedoch Ehrensache, auch selbst ein Geschenk zu hinterlassen.

Wie findet man den Weg zum Cache? Was ist GPS?

Damit du den Weg zum Cache findest, brauchst du ein GPS-fähiges Endgerät. So ein Gerät kann ein Smartphone oder ein Tablet mit einer bestimmten App sein, oder ein richtiges GPS-Gerät, das Profis benutzen. Dieses kostet aber mehrere Hundert Euro.

GPS bedeutet **„Global Positioning System“**. Das heißt, dass mithilfe von Satellitensignalen der Standort des Endgerätes bestimmt wird. Dazu werden sogenannte **Koordinaten** genutzt.

Wo sind die Schätze versteckt?

Caches gibt es auf der ganzen Welt. Ihre Positionen werden mit Koordinaten angegeben. Auf Internetseiten oder in Apps sind die Caches aufgezählt. Oft gibt es auch Tipps, wie man den Cache finden kann. Man kann sich auch mit anderen Nutzerinnen und Nutzern darüber austauschen.

Caches können mitten in der Stadt liegen oder an abgelegenen Orten, wie in einem Wald oder unter einer Brücke. Die Koordinaten zeigen das Versteck im Umkreis von mehreren Metern an, in denen gesucht werden muss.

Koordinaten und Gradnetz (1)

Was sind Koordinaten? Was ist das Gradnetz?

Koordinaten sind Angaben über einen Standort auf der Erde, die auf das **Gradnetz** bezogen sind. Das Gradnetz besteht aus **Längen- und Breitengraden**.

Längengrade laufen senkrecht, Breitengrade waagerecht um die Erde. Mit ihrer Hilfe kann man die Lage eines Ortes auf unserem Planeten genau angeben.

Der **Äquator** teilt die Erde: Es gibt eine Südhalbkugel und eine Nordhalbkugel.

Vom Äquator ausgehend gibt es 180 Breitengrade. Sie laufen parallel zum Äquator, einmal Richtung Norden zum Nordpol, einmal Richtung Süden bis zum Südpol. Man sagt deshalb zum Beispiel **40° nördlicher Breite** oder **40° südlicher Breite**.

Breitengrad
Äquator
Nullmeridian
Längengrad

Ein Längengrad läuft einmal längs um die Erde. Alle 360 Längenkreise treffen sich am Nord- und Südpol. Ein wichtiger Längenkreis ist der **Nullmeridian**. Von ihm aus verläuft die Hälfte der Längenkreise (180) in Richtung Osten, die andere Hälfte in Richtung Westen. Man sagt deshalb zum Beispiel **westliche oder östliche Länge**.

Koordinaten und Gradnetz (2)

Wie sehen Koordinaten aus?

Für Koordinaten gibt es zwei verschiedene Darstellungen.

- **GMS-System** (Grad, Minuten, Sekunden): **50°46'29"N6°05'02"E**

  Gesprochen wird das Ganze so:

  50 Grad 46 Minuten und 29 Sekunden nördlich, 6 Grad 5 Minuten und 2 Sekunden östlich.

  Der Standort befindet sich also auf der Nordhalbkugel zwischen dem 46. und 47. Breitengrad und dem 5. und 6. östlichen Längengrad.

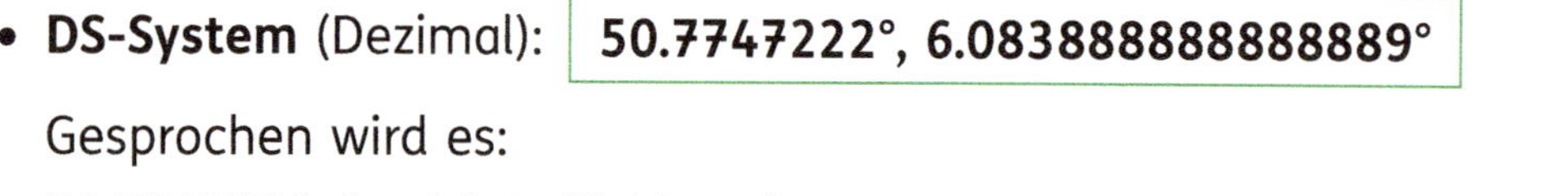

- **DS-System** (Dezimal): **50.7747222°, 6.083888888888889°**

  Gesprochen wird es:

  50,7747222 Grad (nördlich) und 6,08388888888889 Grad (östlich).

Mit kostenlosen Rechnern im Internet kannst du die verschiedenen Systeme umrechnen. Gib dafür in eine Internetsuchmaschine „GPS-Koordinaten umrechnen“ ein.

Die App c:geo® online und offline nutzen (1)

c:geo ist eine Geocaching-App, die du über das Tablet oder Smartphone verwenden kannst. So kannst du dich mithilfe der App auf die Suche nach Caches (Schätzen) machen.

Die App c:geo sollten deine Lehrkraft oder deine Eltern vorab installiert haben – je nachdem, wer für die Installation von Apps auf dem Tablet oder Handy zuständig ist.

Wenn du in der App c:geo® angemeldet bist, erscheint diese Startseite:

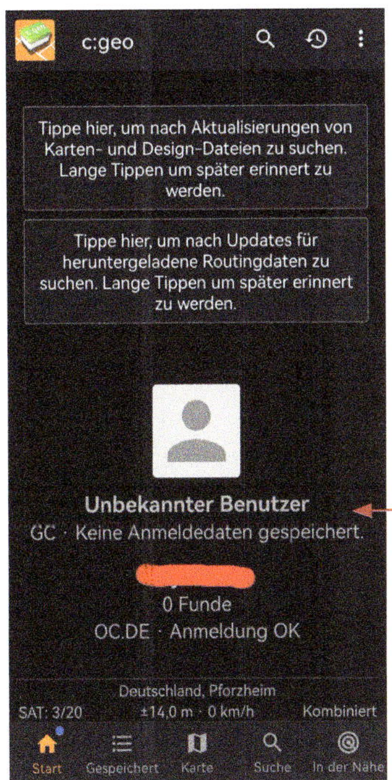

Hier steht dein Benutzername oder euer Teamname.

Das bedeuten die Symbole auf dem Startbildschirm:

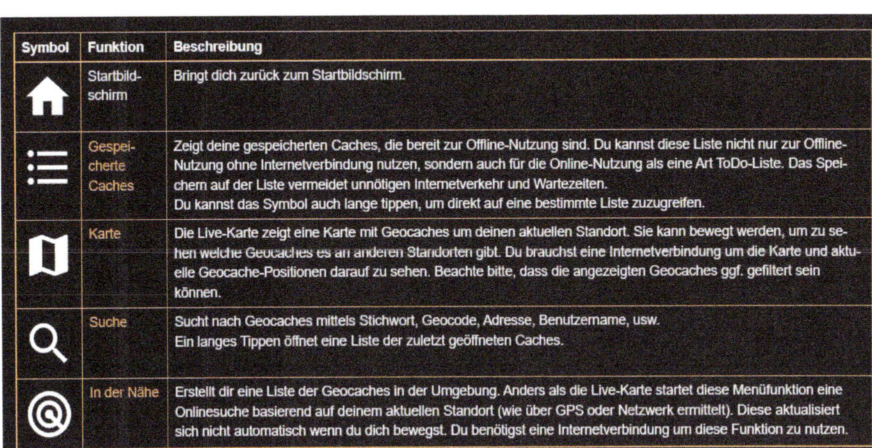

Symbol	Funktion	Beschreibung
	Startbild-schirm	Bringt dich zurück zum Startbildschirm.
	Gespei-cherte Caches	Zeigt deine gespeicherten Caches, die bereit zur Offline-Nutzung sind. Du kannst diese Liste nicht nur zur Offline-Nutzung ohne Internetverbindung nutzen, sondern auch für die Online-Nutzung als eine Art ToDo-Liste. Das Speichern auf der Liste vermeidet unnötigen Internetverkehr und Wartezeiten. Du kannst das Symbol auch lange tippen, um direkt auf eine bestimmte Liste zuzugreifen.
	Karte	Die Live-Karte zeigt eine Karte mit Geocaches um deinen aktuellen Standort. Sie kann bewegt werden, um zu sehen welche Geocaches es an anderen Standorten gibt. Du brauchst eine Internetverbindung um die Karte und aktuelle Geocache-Positionen darauf zu sehen. Beachte bitte, dass die angezeigten Geocaches ggf. gefiltert sein können.
	Suche	Sucht nach Geocaches mittels Stichwort, Geocode, Adresse, Benutzername, usw. Ein langes Tippen öffnet eine Liste der zuletzt geöffneten Caches.
	In der Nähe	Erstellt dir eine Liste der Geocaches in der Umgebung. Anders als die Live-Karte startet diese Menüfunktion eine Onlinesuche basierend auf deinem aktuellen Standort (wie über GPS oder Netzwerk ermittelt). Diese aktualisiert sich nicht automatisch wenn du dich bewegst. Du benötigst eine Internetverbindung um diese Funktion zu nutzen.

Die App c:geo® online und offline nutzen (2)

Du kannst die App online und offline nutzen.

Online-Nutzung

Bei der Online-Nutzung kannst du dich direkt über das Internet auf die Suche nach Caches machen.

Einen Cache kannst du in der App entweder durch das Kartensymbol oder das In-der-Nähe-Symbol auswählen.

Nachdem du auf eines der beiden Symbole geklickt hast, kannst du dir einen Cache aussuchen. **Klicke dann auf einen Cache deiner Wahl.**

Offline-Karten nutzen

Wenn man draußen unterwegs ist, hat man nicht immer eine WLAN- oder Internetverbindung auf dem Smartphone/Tablet. Dann kannst du die Karten in der c:geo®-App eigentlich nicht nutzen.

Deshalb ist es hilfreich, wenn du die Karten herunterlädst, wenn du eine Internetverbindung hast. Dann kannst du die Karten auch offline nutzen.

Die App c:geo® online und offline nutzen (3)

So speicherst du die Karte:

1. Öffne die c:geo®-App.
2. Klicke auf das Kartensymbol.
3. Klicke nun nacheinander auf die folgenden Felder.

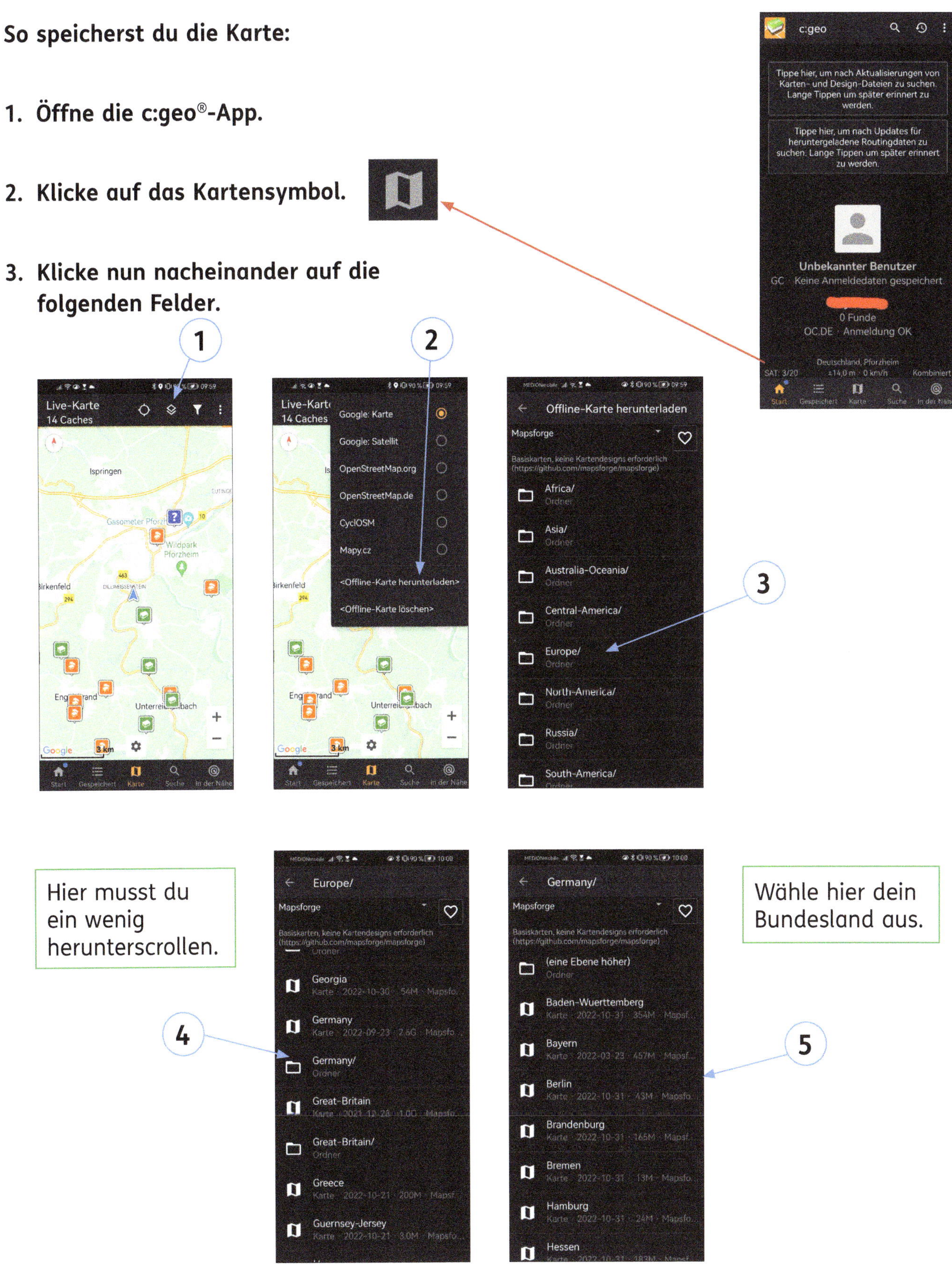

4. Nun wird die Karte gespeichert. Das kann ein paar Minuten dauern.

Die gespeicherte Karte findest du nun bei den anderen Karten unter dem Namen des Bundeslandes (offline).

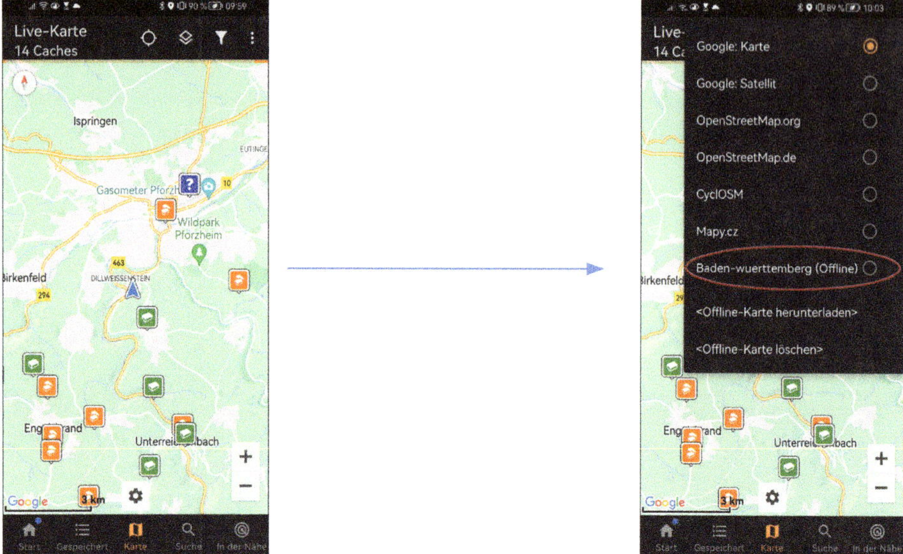

Einen Cache suchen

Einen Cache kannst du entweder durch das Kartensymbol  oder das In-der-Nähe-Symbol  auswählen.

Klicke auf eines der beiden Symbole.

Nun siehst du deine Umgebung und verschiedene Cache-Symbole.

Das sind die zwei typischen Cache-Symbole:  

Was sie bedeuten und welche Caches es noch gibt, kannst du unter QR-Coder oder Link nachlesen:

https://www.learningbase.de/get-link/997

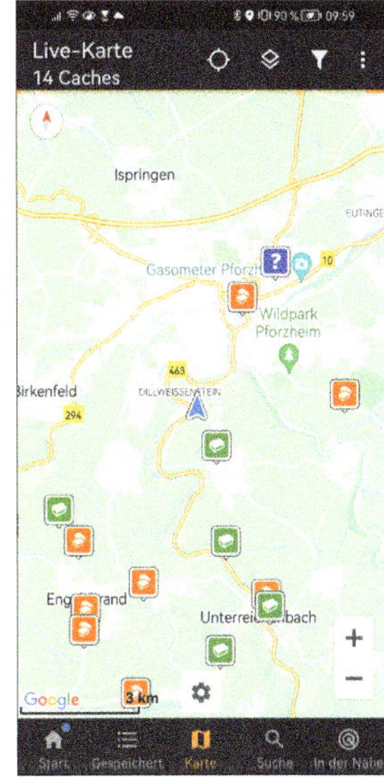

Klicke dann auf einen Cache deiner Wahl.

Nun kannst du mit dem blauen Pfeil die Route starten. Danach kannst du auswählen, ob du den Cache mit dem Kompass oder mit Koordinaten suchen möchtest. Außerdem kannst du angeben, mit welchen Verkehrsmitteln du unterwegs sein möchtest. Los geht's!

Wenn du einen Cache gefunden hast, klicke auf „gefunden“. Wenn du magst, darfst du dich ins Logbuch eintragen. Du kannst auch ein Foto hochladen.

Unsere Geocaching-Tour (1)

Name des Teams:	Datum der Geocaching-Tour:
Beginn und Ende der Tour:	Ort:
Name des Caches:	Art des Caches:

So war unsere Tour zum Cache:

Das war bei der Suche schwierig:

____

____

____

Das war bei der Suche leicht:

____

____

____

Unsere Geocaching-Tour (2)

So sah der Cache aus:

Das haben wir ins Logbuch eingetragen:

Das würden wir einer anderen Gruppe als Tipp mit auf den Weg geben:

Platz für weitere Notizen:

Einen eigenen Cache entwerfen

An welchem Ort wollt ihr euren Cache verstecken? Beschreibt das Versteck genau.

Wie soll euer Cache heißen?

Was ist das Besondere an eurem Cache?

Wie könnte ein Rätsel zum Erreichen eures Caches aussehen? Malt oder schreibt auf.

Malt das Logbuch, in das man sich einträgt, wenn man den Cache gefunden hat.

Wollt ihr auch eine Box mit Geschenken zu eurem Cache legen? Welche Geschenke sollen in der Box sein?

Hinweise für die Lehrkraft

Digitale Rallyes bzw. Schnitzeljagden bringen Spaß und Abwechslung in den Lernalltag. Das Erstellen und Umsetzen solch einer Tour ist für alle Altersgruppen spannend.

Ziel des Spiels ist es, dass die Teilnehmerinnen und Teilnehmer eine Reihe von Rätseln oder Aufgaben lösen und so von einer Station zur nächsten gelangen. Am Ende wird meist ein „Schatz“ gefunden oder ein ganz besonderer Ort entdeckt.

Die hier vorgestellten Rallyes sind so angelegt, dass vorab eine Tour vorbereitet wird und alle gemeinsam den Weg finden müssen.

Mögliche Aufgabenformate sind:

- Rechenaufgaben
- Worträtsel
- Wissensfragen
- Aktivitäten (sportliche Aufgaben)
- Logikaufgaben
- kreative Aufgaben (Malen, Basteln ...)
- ...

Apps für digitale Rallyes

Zum Erstellen digitaler Rallyes, Schnitzeljagden und Co. gibt es zahlreiche Apps und Tools auf dem Markt. Sie bieten unterschiedliche Funktionen und Schwerpunkte. Im Folgenden sind einige Apps und Tools aufgelistet.

Die Beispiele in diesem Buch beziehen sich auf die gängigsten Apps und Tools. Sie können für Ihren Unterricht selbstverständlich auch andere wählen.

App	**IOS®**	**Android®**
Actionbound®	✓	✓
lialo®	✓	✓
Troovie (bis 30 Minuten: kostenlos)	✓	✓
Schnitzeljagd	✗	✓

Die App lialo® kennenlernen (1)

lialo® ist die Abkürzung für „like a local“ (Deutsch: wie ein Einheimischer).
Mit lialo® kann man Stadtführungen, Schnitzeljagden und Stadtrallyes durchführen und selbst erstellen.

Du kannst lialo® nutzen, indem du dir die App herunterlädst oder folgenden Link in die Internetsuchmaschine eingibst oder den QR-Code nutzt.

https://www.lialo.com/de

Der Startbildschirm sieht auf dem Tablet / am Computer so aus:

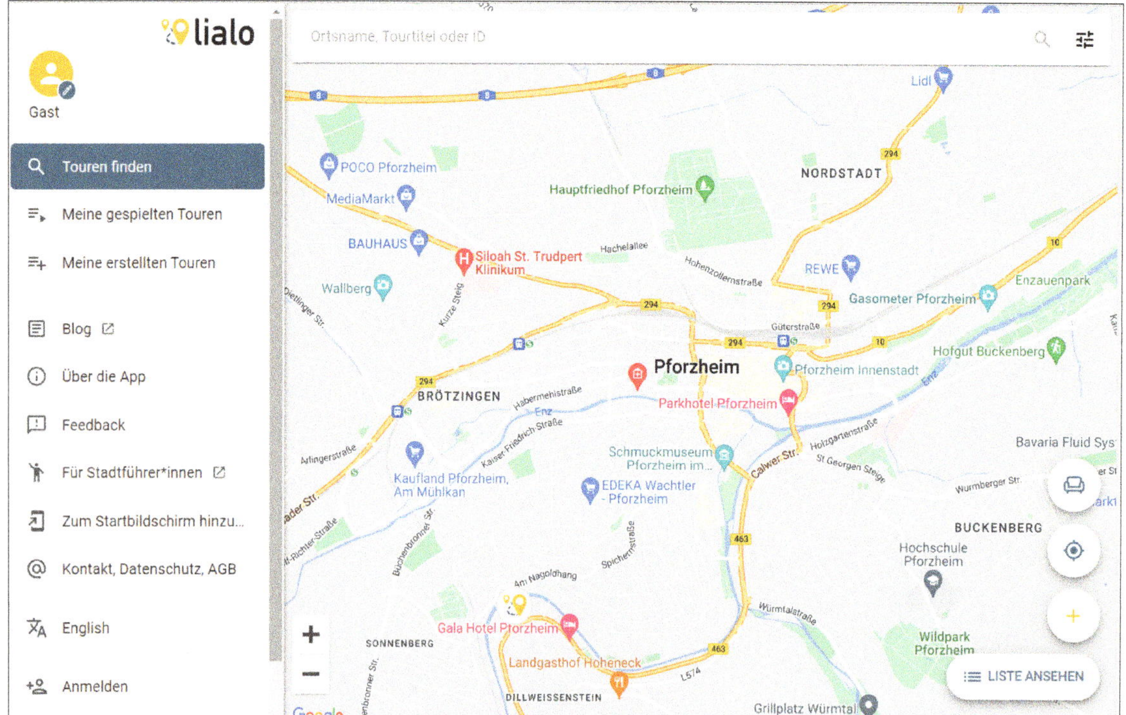

Falls du dir die App auf dein Handy heruntergeladen hast, musst du rechts auf die drei Punkte klicken, um die linke Seite sehen zu können.

Die App lialo® kennenlernen (2)

Auf dem Startbildschirm findest du eine aktuelle Karte von deinem Standort. Du kannst in die Karte hineinzoomen oder daraus wegzoomen. Dafür musst du mit deiner Maus scrollen oder auf das Plus und/oder Minus klicken.

Auch ohne eine Anmeldung kannst du kostenlose Touren machen. Falls du dich anmelden möchtest, kannst du das zum Beispiel über deine E-Mail-Adresse machen.

Dieses Zeichen zeigt dir, wenn es an einem Ort eine Rallye, Stadtführung oder Schnitzeljagd gibt. Du kannst einfach daraufklicken, dann öffnen sich weitere Informationen wie:

- ob die Rallye kostenlos ist oder Geld kostet
- eine Kurzbeschreibung der Rallye
- der Name des Erstellers
- die Dauer und die Länge der Strecke
- wie viele Stopps es gibt
- welche Sprache genutzt wird
- welche Themen (zum Beispiel Geschichte) oder Inhalte (zum Beispiel Rätsel) vorhanden sind
- für welches Alter die Tour geeignet ist
- welche Dinge du für die Tour benötigst
- was dich bei der Tour erwartet
- ...

Wenn dir die Tour gefällt, kannst du einfach auf Start klicken.

Informationen zu einer digitalen Rallye

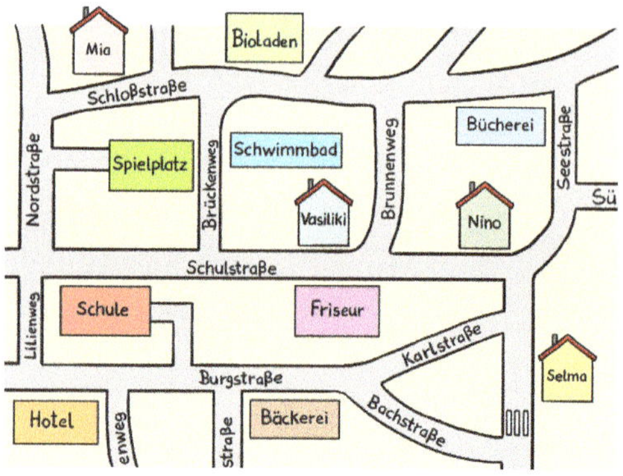

Im Internet findest du verschiedene digitale Rallyes.

Suche dir im Internet eine Tour aus und schaue dir die Beschreibung an.
Beantworte folgende Fragen zur Rallye:

1. **Wie lautet die Kurzbeschreibung der Rallye?**

____

____

2. **Wie lautet der Name des Erstellers / der Erstellerin?**

____

3. **Wie lauten die Angaben zur Dauer und Länge der Strecke?**

____

4. **Wie viele Stopps gibt es?** ______________________________

5. **Welche Sprachen werden genutzt?**

____

6. **Welche Themen (z.B. Geschichte) oder Inhalte (z.B. Rätsel) sind enthalten?**

____

____

____

7. **Für welches Alter ist die Tour geeignet?** ______________________________

8. **Welche Dinge benötigt man für die Tour?**

____

____

____

Eine digitale Rallye erstellen – Wichtiges, bevor es losgeht

Eine Rallye selbst zu erstellen, ist gar nicht so schwer! Damit eure Rallye ein großer Spaß und Erfolg wird, solltet ihr euch aber vorab ein paar Gedanken machen!

- **Wer erstellt die Rallye? Nennt eure Namen oder denkt euch einen Teamnamen aus.**

  ____

- **Wo (an welchem Ort) soll die Rallye stattfinden?**

  ____

- **Was ist das Ziel eurer Rallye? Soll eure Rallye ein bestimmtes Thema haben, wie zum Beispiel „verschiedene Tiere im Tierpark", oder soll ein Ort erkundet werden?**

  ____

  ____

- **Habt ihr bereits Ideen für interessante Aufgaben für eure Rallye im Kopf? Dann schreibt sie auf.**

  ____

  ____

- **Teilt jedem Teammitglied eine oder mehrere Aufgaben zu. Folgende Aufgaben kann es geben:**
  - ○ Fotos aufnehmen
  - ○ Routen erstellen
  - ○ Stopps aussuchen
  - ○ das Ziel festlegen
  - ○ Aufgaben ausdenken (am besten gemeinsam!)
  - ○ ______________________________

    ____

    ____

- **Weitere Ideen könnt ihr auf der Rückseite notieren!**

Eine digitale Rallye erstellen – Checkliste

Während ihr eure Rallye erstellt, könnt ihr immer wieder in die Liste schauen.

Tipp	Beispiel	✓
Allgemeine Hinweise		
Eure Tour darf nur im öffentlichen Raum stattfinden und nicht über private Grundstücke o.Ä.		
Den Starttext schreiben		
Ihr könnt euch im Starttext kurz vorstellen.	Wir heißen ... und freuen uns, dir heute ...	
Fasst kurz zusammen, was das Thema der Rallye ist.	... den Wildpark in ... zu zeigen. Wir zeigen dir heute verschiedene Gehege und Tiere mit spannenden Aufgaben und Rätseln. Auf dem Weg gibt es auch verschiedene Spielplätze und Möglichkeiten, etwas zu essen und zu trinken.	
Texte schreiben		
Sprecht bei den Formulierungen in den Texten von „wir“, „ich“ und „du“. Das hört sich viel freundlicher an.	**Wir** treffen uns am Eingang vom Tierpark. Dort laufen **wir** circa 50 Meter geradeaus und entdecken ein Tor.	
Verwendet Absätze zwischen Sätzen, das erleichtert das Lesen.	Wir treffen uns am Eingang vom Tierpark. Dort laufen wir circa 50 Meter geradeaus. Am roten Haus biegen wir in den kleinen Weg ab.	

Tipp	Beispiel	
Gebt Tipps und Empfehlungen.	Ich finde die Statue am Tor sehr interessant. Schaue einmal nach oben, dort kannst du etwas Spannendes entdecken.	
Denkt daran, keine personenbezogenen Daten zu nennen und die Privatsphäre anderer Menschen zu beachten.	Das bedeutet: Ihr dürft keine Bilder, Namen oder Adressen von Personen nennen oder zeigen bzw. andere personenbezogene Daten nennen oder zeigen (z. B. ein Kennzeichen von einem Auto auf einem Bild).	
Bilder		
Erstellt sinnvolle Bilder. Achtet darauf, einen passenden Bildausschnitt zu wählen. Wenn zu viel im Bild zu sehen ist, kann das verwirren.	Am Rehgehege (Bild 1) gehen wir drei Schritte nach rechts, bis zur grünen Sitzbank (Bild 2). Dort, an der Eiche (Bild 3), erwartet euch die nächste Aufgabe.	
Erstellt die Bilder im Querformat.		
Achtet auf eine gute Qualität der Bilder.		
Aufgaben und Stopps		
Achtet darauf, dass eure Wegbeschreibungen und Aufgaben abwechslungsreich sind.		
Die Wegbeschreibungen sollten kurz und knapp geschrieben sein.		
Wählt eine sichere Tour.		
Es sollte mindestens sieben bis acht Stopps in eurer Tour geben. Bei den Stopps werden die Aufgaben/Rätsel gelöst. Hat eure Tour weniger Stopps, wird es vielleicht langweilig.		

Tipp	Beispiel	
Bei den Stopps werden nicht nur Aufgaben/ Rätsel gelöst. Es muss auch Hinweise dazu geben, wie es nach dem Stopp weitergeht. • Was sieht man bei dem Stopp? • In welche Richtung geht es weiter und was hilft, diese Richtung zu erkennen? • Was wird auf dem Weg gesehen? Woran erkennt man den nächsten Stopp?		
Die Aufgaben können folgende sein: • Rätsel • Wissensfragen • Schätzfragen • etwas suchen • etwas zählen • Rechnen • Aktivitäten (wie Hüpfen, Laufen…) • …		
Ziel		
Gebt zum Abschluss noch ein paar hilfreiche Tipps oder Empfehlungen.	Wo ist die nächste Bushaltestelle? Welche weiteren Sehenswürdigkeiten gibt es in der Nähe? Empfehlt ein Restaurant …	

Eine eigene Rallye erstellen (1)

Hier zeige ich dir am Beispiel der App lialo®, wie du deine eigene Rallye erstellst. Du kannst natürlich auch eine andere App verwenden.

1. **Klicke auf dem Starbildschirm auf „Über die App“. Den Button findest du auf der linken Seite. Danach öffnen sich drei Wahlmöglichkeiten.**

2. **Klicke auf** TOUR ERSTELLEN **.**

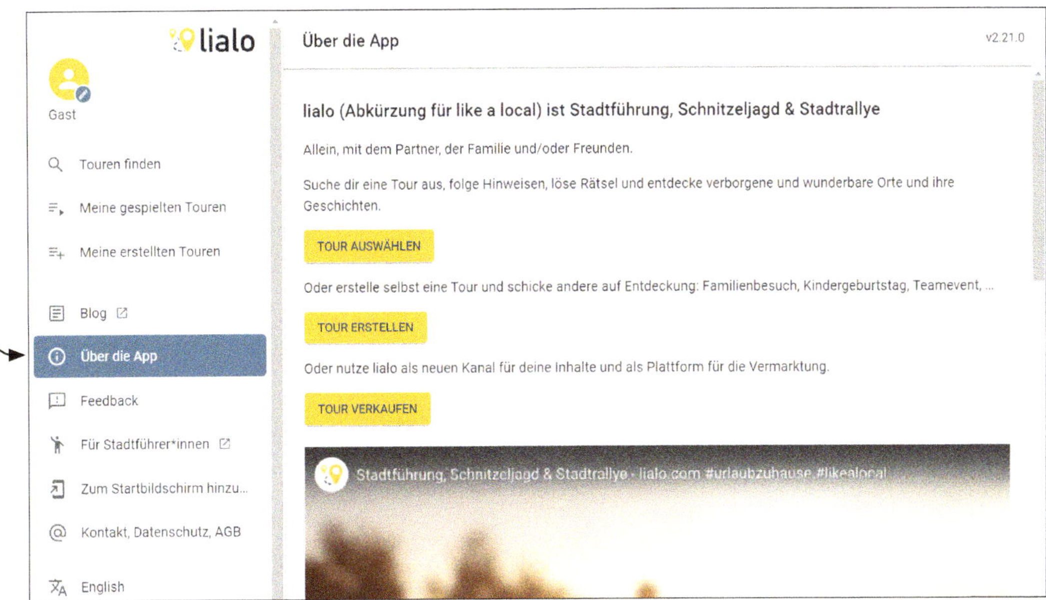

3. **Es öffnet sich folgendes Fenster. Nun kannst du mit dem Schreiben beginnen.**

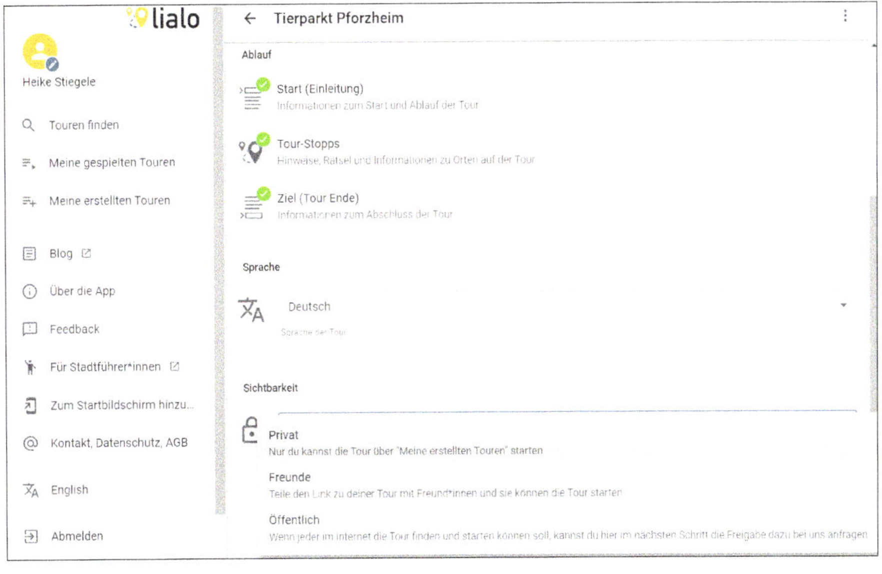

Wenn du auf die jeweiligen Untertitel klickst, kannst du Text hinzufügen.

Nach dem Bearbeiten musst du immer wieder auf den ← klicken, um zur Übersicht zurückzugelangen.

Eine eigene Rallye erstellen (2)

4. **Anschauen kannst du dir deine fertige Rallye mithilfe des Vorschau-Buttons.**

5. **Entscheide über die Sichtbarkeit der Rallye:**

   Wenn du sie von „Privat" auf „Öffentlich" stellst, kann jeder deine Tour ausprobieren. Wenn du „Freunde" wählst, kannst du den Link zur Tour deinen Freunden schicken und sie können die Tour ausprobieren.

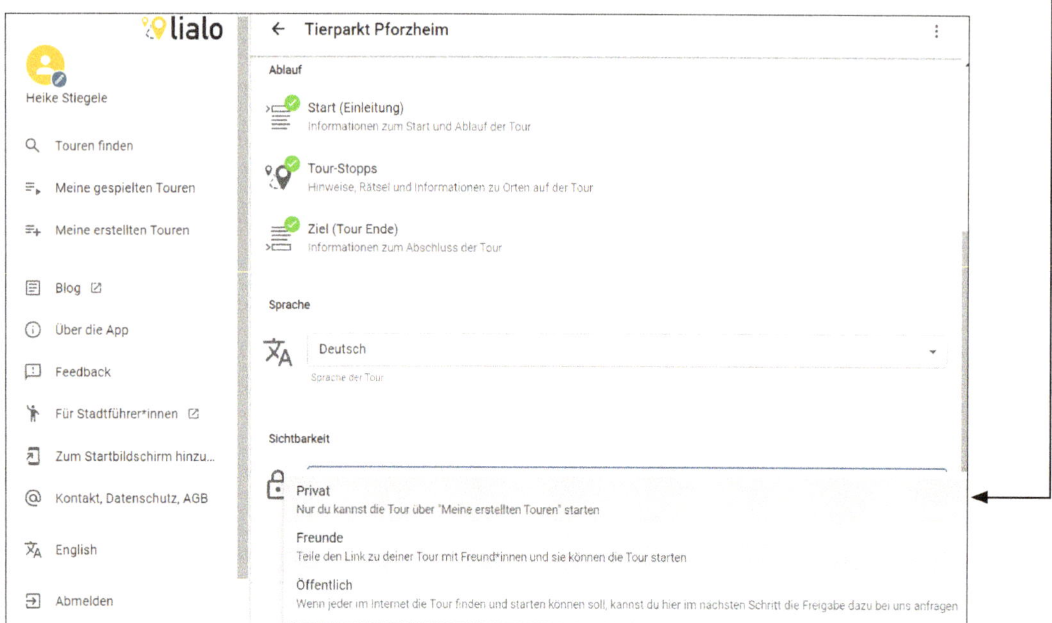

6. **Stelle deine Rallye deinen Klassenkameradinnen und Klassenkameraden vor.**

Info

Erzähle, wo sich die Rallye befindet und welche Aufgaben es gibt (Zum Beispiel: Wissensabfragen, Aktivitäten usw.).

- Was ist dir schwer gefallen beim Erstellen der Rallye?
- Was hast du Neues gelernt?

7. **Sucht euch eine Rallye aus eurer Klasse aus und führt sie durch.**